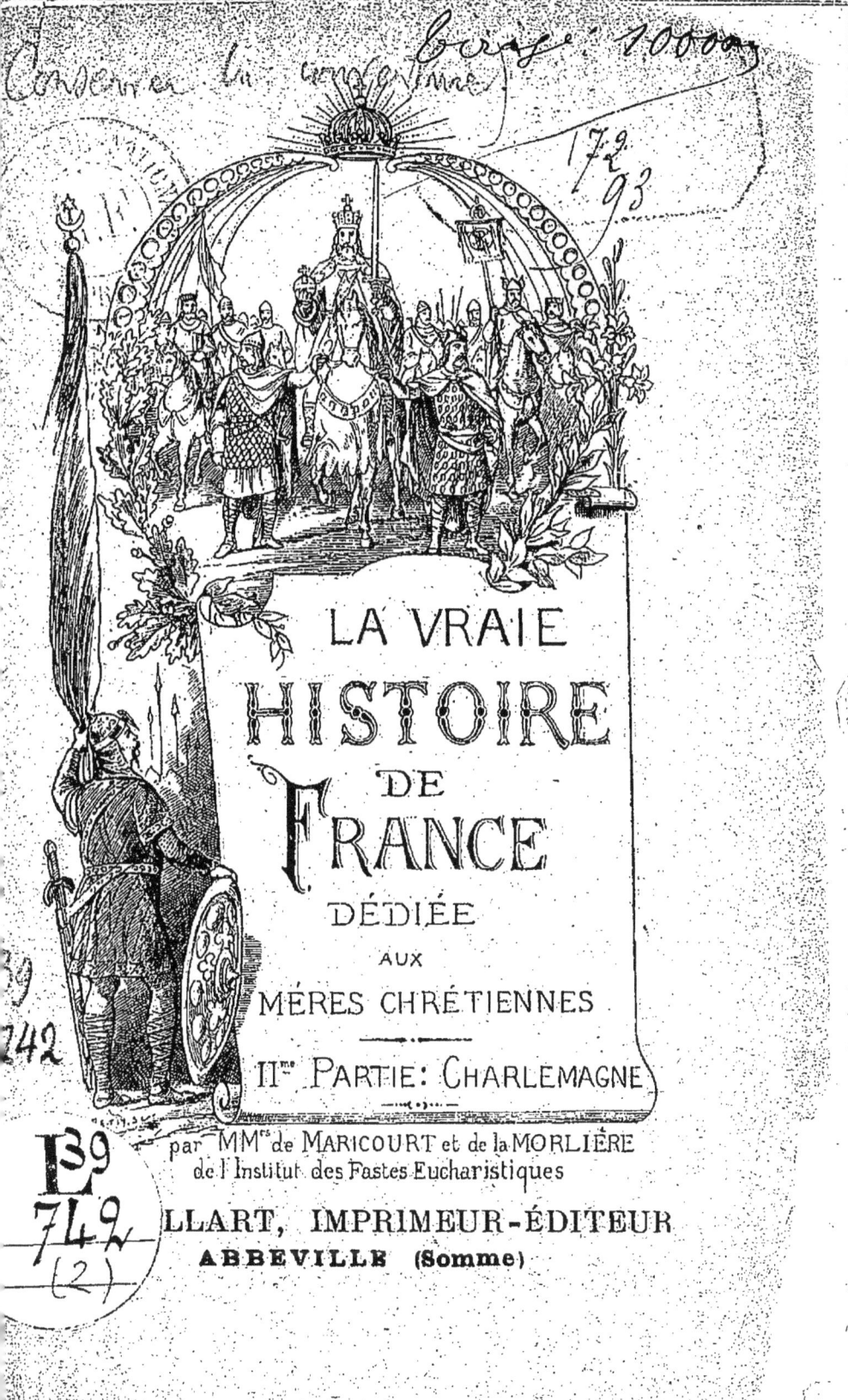

LA VRAIE HISTOIRE DE FRANCE

DÉDIÉE AUX MÈRES CHRÉTIENNES

IIme PARTIE : CHARLEMAGNE

par MM^{rs} de MARICOURT et de la MORLIÈRE
de l'Institut des Fastes Eucharistiques

LLART, IMPRIMEUR-ÉDITEUR
ABBEVILLE (Somme)

LA VRAIE HISTOIRE DE FRANCE

LA MISSION DES FRANCS

1. L'autel d'Arles. Deiparæ adhuc viventi.

La France vient de naître. Baptisée au baptistère de Reims par les mains de saint Remy, appelé désormais l'évêque des Francs, ce n'est plus un ramassis de tribus et de peuplades éparses : elle forme une unité, ayant pour ainsi dire une âme et un corps ; elle a un *pacte* : c'est une *nation*. Certes, elle a besoin, comme tout enfant, d'être nourrie, fortifiée, élevée ; il lui faudra passer par l'âge de raison et d'éducation ; par l'âge aussi des passions et des révoltes, quand approchera pour elle le temps de la liberté et de la majorité. Mais

1. Autel élevé à Arles, à la Mère de Dieu, encore vivante.

désormais c'est *quelqu'un*. C'est votre patrie, mères françaises.

Dans son âme, virginale comme celle d'un enfant qui vient d'être baptisé, Dieu a déposé les germes de deux grandes pensées, qui rempliront toute son histoire. — L'un d'eux vient de l'antique nation gauloise, qui portait dans son cœur l'immense espoir, indécis sans aucun doute, mais toujours vibrant, d'une Vierge, Mère d'un Sauveur ; aussi cette espérance ne tarde-t-elle pas à se transformer en une foi positive, du vivant même de Marie. Ne voyons-nous pas, en effet, saint Trophime, envoyé par saint Pierre lui-même, élever dans le cimetière des Champs-Elysées (aujourd'hui Alyscamps) à Arles, un oratoire dédié à la *Mère de Dieu encore vivante* (*Deiparæ adhuc viventi*), d'après une inscription transportée à Rome au musée Barberini.

L'autre germe lui vient des vainqueurs, de ces Francs au cœur de lion, qui adoraient Odin, le dieu de la guerre, et formaient sa cour de tous les héros tombés sur les champs de bataille. Il est naturel que la nation française ait toujours eu une passion toute particulière pour Jésus, le vainqueur des vainqueurs, et rendu un culte spécial à tous les martyrs, héros de la grande lutte pour la foi ? C'est elle, en effet, comme le dit le préambule de la loi Salique, « qui, après avoir reconnu la sainteté du baptême, « orna somptueusement d'or et de pierres précieuses les « corps des saints martyrs que les Romains avaient brûlés « par le feu, massacrés, mutilés par le fer ou fait déchirer « par les bêtes. »

Ainsi nous voyons, dès l'origine, ces deux pensées : d'une part, celle de Marie, Vierge-Mère ; d'autre part, celle du Christ, Homme-Dieu, Roi de la cour céleste, pénétrer l'âme de la France, et y enfermer, comme dans deux fleurs qui s'ouvriront en leur temps, les grandes affirmations de Lourdes et de Paray-le-Monial.

Comment serions-nous donc surpris de voir la France, revenue un jour de ses erreurs et de ses rêves d'indépendance insensée, aller se jeter aux pieds de Celui qu'elle a toujours aimé, et dont le Cœur a toujours battu pour elle, et prendre pour son Roi bien aimé, le *Christ*, l'*Homme-Dieu*, le *Fils de la Vierge* ?

Donc « nation illustre, ayant Dieu pour fondateur, forte « sous les armes, ferme dans les traités de paix, profonde « en conseil, noble et saine de corps, d'une blancheur et « d'une beauté singulières, hardie, agile et rude au com- « bat. » (Préambule de la loi Salique). — Nation de parole et d'épée ; nation apôtre et missionnaire, entre toutes ;

nation au grand cœur, voilà l'enfant que Dieu déposa, au jour de Noël 496, sur les genoux de Clotilde, la première des mères françaises, sous les regards de Geneviève, la première des héroïnes de France, sous les bénédictions de Remy, le Père de la Patrie, dont on a pu dire qu'il avait l'idée de la France avant même qu'elle existât.

Depuis lors il n'a jamais manqué à notre peuple, ni de vraies mères chrétiennes pour le nourrir et l'aimer, ni de vierges pour prier pour lui et le sauver au besoin, ni d'évêques, de vrais pères du peuple, pour l'instruire et le diriger.

L'histoire nous le prouvera. — Continuons-la donc.

II. — La dispersion de l'Arianisme.

A l'heure où la France, née à Tolbiac, était baptisée à Reims, l'empire romain, chrétien depuis Constantin, n'exis-

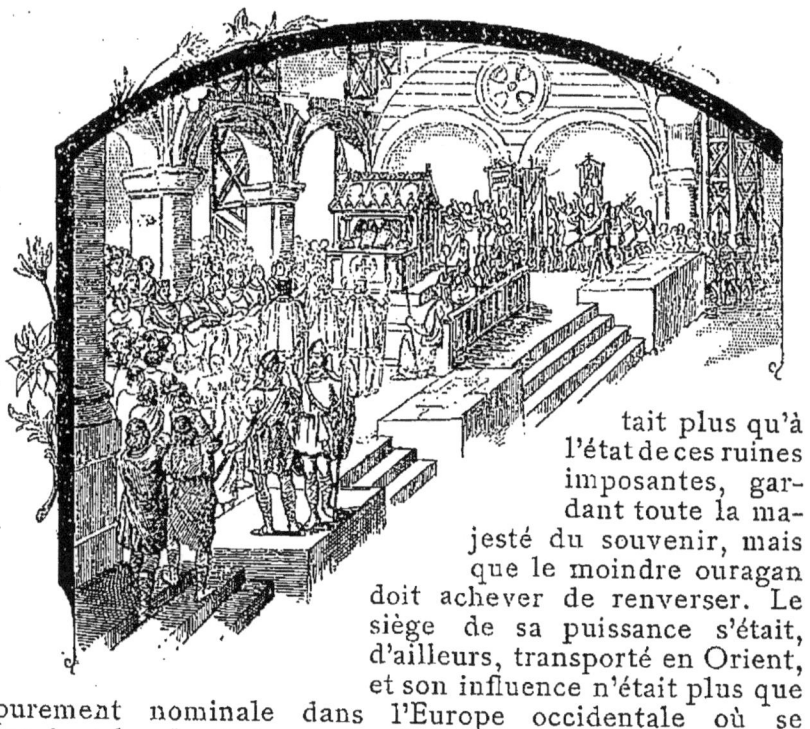

tait plus qu'à l'état de ces ruines imposantes, gardant toute la majesté du souvenir, mais que le moindre ouragan doit achever de renverser. Le siège de sa puissance s'était, d'ailleurs, transporté en Orient, et son influence n'était plus que purement nominale dans l'Europe occidentale où se jouaient les destinées de la civilisation entre les conqué-

2. LES LEUDES à Tours.

rants barbares. Deux puissances effectives y régnaient alors ; l'une, toute morale, isolée, privée de toute force matérielle, avait son siège dans la ville éternelle ; c'était celle du pape, chef visible de l'Eglise de Jésus-Christ. Sa tranquille majesté, assise sur les ruines du trône des Césars, purifié des traces de l'orgie par le sang humide encore des martyrs, dominait et les grandeurs du passé, et les violentes convulsions du présent, et les longues espérances de l'avenir. L'autre puissance, tumultueuse, brutale, toujours armée, toujours en luttes, mais formidable par le nombre, la vaillance et le prestige de la victoire, pleine de sève, de force et de jeunesse, était l'ensemble des peuplades barbares, qui représentait l'avenir de la société.

Or, cet avenir tout entier était aux mains des Ariens, niant la divinité du Christ, aussi persécuteurs des fidèles que l'avaient été les Césars payens, et le jour semblait proche où l'Eglise, triomphante depuis deux siècles à peine, devrait rentrer dans les catacombes, son glorieux et sanglant berceau.

C'est alors que du milieu de ces masses hérétiques et payennes s'éleva l'exclamation triomphante de la petite peuplade franque : « Vive le Christ qui aime les Francs ! »

Aux framées enthousiastes dressées vers le ciel en signe d'hommage était réservé de décider si la civilisation serait catholique ou arienne. Le soldat de Dieu s'est levé, il a répondu « Présent ! » à l'appel du Christ ; pour la première fois il va décider des destinées du monde.

La plus puissante des nations ariennes, celle des Visigoths, occupait tout le Sud-Ouest de la France ; Alaric, son roi, était le plus ferme soutien de l'hérésie.

Clovis réunit un jour ses Leudes à Paris, et leur dit : « Je ne puis supporter que ces Ariens occupent une partie des Gaules. Marchons *avec l'aide de Dieu,* et après les avoir vaincus, soumettons leur pays. »

Sur tout le parcours de l'armée franque, Clovis répandit des largesses aux sanctuaires ; des saints accouraient de leurs hermitages pour bénir ses guerriers ; des miracles constataient la sainteté de cette guerre.

Les deux armées se rencontrèrent à Vouillé, près de Poitiers. Avant de livrer bataille, Clovis fit célébrer la messe. « *Là, Dieu le revêtit de force, de courage et d'espoir* (1). » Au moment de charger, il fit faire le signe de la croix à toute son armée, et lui donna pour cri de ralliement le *nom du Seigneur* (2).

(1) Florian de Ocampo. — (2) Mézeray.

La victoire du Christ fut complète; Alaric périt de la main même de Clovis, et son territoire fut conquis jusqu'aux Pyrénées.

3. La Messe de Vouillé.

III. — L'aurore de la civilisation.

L'histoire enregistre ensuite les tragiques annales de la fin du règne de Clovis, et celles de ses successeurs.

En parcourant, dans nos vieux chroniqueurs, saint Grégoire de Tours, entre autres, ces sombres pages qui nous montrent, à quatorze siècles d'éloignement, une effrayante et sanglante vision de meurtres, de débauches, de luttes fratricides, d'oppression et de crimes, on est souvent tenté de s'écrier : Est-ce bien là cette nation qui vient de se donner au Christ? Ne renie-t-elle pas le serment de Tolbiac ? La juste colère de Dieu ne va-t-elle pas la rayer, dès son berceau, du nombre des peuples ?

La réflexion montre bientôt que les épouvantables forfaits qui inondent de sang toutes les annales de cette douloureuse époque n'impliquent en rien la violation du pacte initial, car ce sont des crimes *individuels*, non des crimes *sociaux*.

Le baptême, en conférant à l'homme la dignité de chrétien, lui communique les grâces nécessaires pour dominer ses passions à l'aide des autres sacrements, mais il ne lui donne pas l'éducation ni l'instruction ; le baptême avait donne à la nation franque l'aptitude à la civilisation, mais il n'avait pu la civiliser brusquement. Même chrétienne, elle restait une nation sauvage, livrée aux convoitises ardentes, aux instincts brutaux et sanguinaires, aux passions violentes de la sauvagerie. La transformation soudaine qui s'était opérée par le baptême chez les Orientaux, les Grecs et les Romains, ne pouvait être espérée chez les peuplades barbares. Là-bas, en effet, la grâce du baptême agissait sur des natures assouplies par une civilisation séculaire et raffinée, préparées, par leur éducation morale et intellectuelle, à la prompte conception d'idées nouvelles ; la grâce agissant, les féroces spectateurs du cirque pouvaient, presque du jour au lendemain, en devenir les victimes volontaires et résignées ; les convives dégradés de l'orgie romaine pouvaient s'asseoir régénérés à l'agape chrétienne des catacombes. Ici, au contraire, la grâce du baptême s'appliquait à des natures complètement incultes, n'ayant jamais eu d'autres guides que leurs instincts, d'autres freins qu'une force supérieure à la leur, d'autres lois que la force mise au service de leurs passions ; avant d'obéir à l'impulsion de la grâce, il faudra qu'ils apprennent à obéir à autre chose qu'à la violence ; c'est toute une longue éducation à faire. Entrés sauvages et payens dans le baptistère, les Francs en sont sortis chrétiens, mais sauvages encore, et ne cesseront de l'être que par le travail très lent de la civilisation, qui est l'œuvre des générations successives.

Pour juger avec impartialité les Francs, nos frères, il faudrait pouvoir nous mettre à leur niveau, faire abstraction complète des principes, des notions, des sentiments que nous ont inculqués quatorze siècles de christianisme ; sentiments, notions, principes qui sont devenus notre être moral lui-même : abstraction impossible. Bornons-nous donc à éprouver pour les crimes des Mérovingiens toute l'horreur qu'ils inspiraient aux saints évêques, leurs contemporains. Mais ne jugeons les hommes de cette époque que d'après les grandes choses qu'ils ont faites et dont nous profitons encore. Ils ont fait la France ; ils l'ont vouée au Seigneur des seigneurs, Jésus-Christ, et la lui ont soumise à jamais par un traité d'alliance solennel ; ils ont préparé l'avènement de la chrétienté, en arrêtant, par leur vaillance, le flot des barbares venant après eux, de façon à rendre définitif le partage de l'empire romain entre les vainqueurs, et stable la marée humaine qui l'avait envahi ; par deux fois, leur vaillante épée a assuré à Notre-Seigneur l'empire social du monde que lui disputait Satan sous les noms d'Arius et de Mahomet ; ils ont déposé dans notre sol fécond le germe de toute civilisation chrétienne.

D'ailleurs, la jeune nation est victime plus que complice des crimes de la famille de Mérovée ; c'est cette famille,

non la nation, qui mérite d'être châtiée, et elle le sera sévèrement, par des catastrophes continuelles, par l'avilissement de ses derniers descendants, par la perte du trône. Le châtiment était prévu dès longtemps. Un jour deux saints évêques se promenaient ensemble dans la cour de la maison royale de Braisnes. « Que voyez-vous là ? demanda l'un d'eux en portant son regard au-dessus des toits. — Je vois, répondit son vénérable compagnon, une construction nouvelle que le roi vient de faire achever. — Et moi, repartit le premier, je vois la colère de Dieu s'accumuler sur cette maison. »

Si la colère de Dieu avait dû tomber du roi sur le peuple, comme il arrive parfois dans les insondables arrêts de sa justice, elle eût été arrêtée, sans doute, par les prières de tant de saints, dont les radieuses figures se détachent en traits lumineux sur le fond si sombre de cette époque. La légende dorée émaille et couvre de ses fleurs fraîches et pures tout ce chaos sanglant ; le parfum de la prière et l'harmonie des cantiques dominent le tumulte des luttes fratricides et couvrent les cris d'agonie ; c'est une émana-

4. Les Leudes à Noirmoutiers.

tion du paradis qui voile tous les actes de l'enfer ; c'est une armée innombrable de bienheureux qui bénit et nomme nos villes, nos hameaux, nos déserts et nos fontaines ; c'est saint Loup, saint Remy, saint Eleuthère, saint Waast, sainte Geneviève, saint Mesmin, saint Séverin, saint Maixent, sainte Clotilde, saint Avit, sainte Radegonde, saint Calais, saint Godard, saint Lubin, saint Firmin, saint Malo, saint Paul de Léon, saint Félix, saint Aubin, saint Médard, saint Lô, saint Prétextat, saint Germain, saint Grégoire de Tours, saint Maur, saint Cloud, saint Eloi, saint Ouen, pour ne citer que les premiers noms venus à notre esprit parmi la multitude presque innombrable des bienheureux qui, après avoir embaumé de leurs vertus les sinistres règnes des Mérovingiens, allèrent porter aux pieds du trône de l'Agneau leurs prières pour la jeune nation née de son amour.

IV. — La libération de l'Esclavage.

Deux grands faits dominent la vie civile de cette époque : les libérations d'esclaves et les grands pèlerinages.

L'acte si noble et si désintéressé de la libération en masses par lequel le propriétaire abandonnait spontanément une portion notable de son avoir, s'accomplissait solennellement à l'Eglise, *le jour de Noël*, pour bien marquer que c'était au nom du Sauveur, que le seigneur, son vassal, accomplissait cette libération, ruineuse pour ses intérêts matériels, et pour dater de la naissance du Christ en ce monde, la naissance à la liberté des nouveaux affranchis.

Jusqu'alors le menu peuple n'était rien, qu'un troupeau de bétail, rivé à la chaîne, fixé au sol. Au nom de Jésus-Christ, l'esclave est devenu serf ; il peut bouger, il peut porter des armes. Alors, entonnant comme un hosanna de liberté les grandes litanies de ses saints bien aimés, il se porte, en foules armées et recueillies, vers les sanctuaires où l'entraîne sa reconnaissance des bienfaits qui d'esclave l'ont fait homme. Il va ainsi à Saint-Denys vénérer les reliques de l'apôtre des Gaules ; à Tours, au tombeau de saint Martin le thaumaturge, le soldat qui a couvert sa nudité de la moitié de son manteau ; à Poitiers, où vécut et mourut sainte Radegonde, sa douce et puissante protectrice contre les violences des rois francs ; à Rocamadour, la retraite de saint Amadour, son patron spécial ; à Clermont, où la Très Sainte Vierge, reine de France, possède un sanctuaire vénéré ; à la Sainte-Beaume, enfin, où s'acheva la vie pénitente de sainte Marie-Madeleine, à qui beaucoup avait été pardonné parce qu'elle avait beaucoup aimé, premier sanctuaire élevé en France à l'amour du Christ, au Sacré-Cœur.

Suivant un pieux usage, destiné probablement à faciliter l'approche des matériaux pour l'entretien du sanctuaire et de ses accès, chaque pèlerin apportait une pierre à un monticule, près du lieu vénéré. La vue de ce monticule

apparaissant aux yeux des pèlerins comme le terme d'un long et périlleux voyage, excitait leur allégresse : on les nomma *monts de la joye* ou *Montjoie*. Le cri de Montjoye traduisait l'enthousiasme des pèlerins parvenus à destination ; il devint celui de l'enthousiasme guerrier des multitudes sur le champ de bataille et le cri de guerre national. L'attribution aux pèlerinages populaires de l'origine de ce cri, pendant tant de siècles cri de victoire de la France, est confirmée par ce fait que le même nom de *Montjoye* est resté à la colline d'où l'on découvre enfin Jérusalem après avoir traversé la monotone et longue série des hauteurs et des vallées de la Judée.

Le R. P. Solimeno de Tracci attribue au *mons Dei*, *mons Pinguis* des psaumes, la signification de *corps du Christ* (*Il corteggio Eucharistico*). La même signification semble pouvoir être attribuée au mot synonyme *mons Gaudii*. Ce

---

5. LIBÉRATION d'Esclaves : page 8.

serait donc le corps du Christ, Jésus-Hostie, qu'auraient acclamé les foules de pèlerins, et invoqué, comme un gage de victoire, nos ancêtres sur le champ de bataille.

Jésus-Hostie, d'ailleurs, présidait aux batailles nationales livrées par les Mérovingiens. Le grand étendard de la monarchie franque qui, jusque vers l'an 1000, était blanc semé de lys d'or, flottait au sommet d'un mât élevé, dressé sur un char traîné par des bœufs. Au pied du mât, un tabernacle *renfermait l'Eucharistie* et les reliques des saints. Le char était entouré d'une garde d'honneur recrutée parmi l'élite des guerriers. En temps de paix, le char était gardé à la basilique de Rheims.

En résumé, sous la première race de nos rois, nous voyons Notre Seigneur *Sacramenté* associé à tous les grands actes de la vie nationale de la patrie naissante. Il préside à la vie publique, car tous les actes officiels sont rédigés et signés dans les églises, qui sont les véritables hôtels de ville des cités. Il veille à la fortune publique : son monogramme paraît sur les monnaies à partir de Childebert, et pour mieux marquer que c'est à Jésus *Sacramenté* que s'adresse cet hommage, sous Caribert le ciboire ou calice à anses est substitué à la croix ; dans un des types de cette monnaie, le ciboire est surmonté de trois hosties. Il dirige les armées et assiste aux batailles ; si l'interprétation que nous avons donnée du cri de Montjoye est exacte, si son invocation est au combat le cri de guerre national, le cri de l'allégresse publique est *Noël*, rappelant sa naissance. Il protège les faibles et les opprimés, qui trouvent asile dans ses sanctuaires. Il multiplie ses élus parmi les vivants, en proportion même du nombre des crimes qui épouvantent les fidèles. Il prépare l'unité nationale par les grands pèlerinages qui mettent en contact les foules accourues des points les plus divers de la monarchie franque. Il provoque, par les libérations partielles du jour de Noël dans les églises, l'extinction de l'esclavage, cette plaie hideuse du monde antique, qui va disparaître graduellement et sans secousses. Enfin, dans ce vieux peuple gallo-romain, affamé et abruti par le fisc impérial, réduit en esclavage par les Francs payens et rendu à la liberté par les Francs chrétiens, il dépose le germe béni qui en fera la masse de la grande nation française, *la famille chrétienne*.

Jamais, ni en aucun temps ni en aucun lieu, l'action sociale du Christ ne s'est plus manifestement fait sentir sur une nation.

V. — La Défaite du Croissant.

Mais le Christ a un ennemi qui cherche à détruire partout son œuvre, ou du moins à en entraver le développement. C'est Satan, et l'on peut dire que l'histoire du monde n'est autre chose que le récit des péripéties de cette lutte gigantesque du Christ et de l'anté-Christ.

Vaincu sur le Calvaire par Jésus lui-même, Satan n'en reste pas moins un ennemi redoutable, par la puissance que Dieu lui laisse encore pour un temps. — La victoire du Golgotha a permis à Notre-Seigneur d'ouvrir bien grandes les portes du royaume céleste qu'il avait conquis, et vers lequel il convie toutes les âmes sauvées par son sacrifice. — C'est avec ces âmes rachetées et régénérées qu'il compose l'Église, son royaume spirituel qui s'étend de la terre où se groupent les militants de Dieu, au Ciel, où siègent les vainqueurs d'ici-bas.

Or, le but poursuivi par Satan est d'empêcher les âmes de parvenir aux parvis célestes et de fermer, pour ainsi

---

6. PÈLERINAGE, au cri de Montjoie: page 9.

dire les portes sacrées. C'est dans cette pensée qu'il agit sur l'humanité pour former une contre-Eglise : il met en jeu les passions, les erreurs, les ignorances, les orgueils, pour les grouper et en composer les puissances de son action.

Le Christ, lui qui est « la voie, la vérité et la vie, » ne se contente pas d'appeler à lui individuellement les âmes; il veut aussi faire marcher la société de ses disciples, l'humanité chrétienne vers un idéal social qu'il connaît. Il mène à sa suite la chrétienté, de l'esclavage à la vraie liberté, par le royal chemin du progrès véritable. — Que veut alors son ennemi ? Retarder la marche en avant de cette Humanité, l'entraver à certains moments, voire même quelquefois lui imprimer un mouvement de recul. Pour cela il ameute toutes les forces qu'il a pu séduire et enchaîner et vient se ruer furieusement sur les armées de Dieu.

Mais l'Humanité, appelée par le Christ, doit marcher; elle est poussée par une force irrésistible; elle est alors obligée de s'ouvrir, coûte que coûte, un sanglant passage à travers les rangs serrés des soldats de Satan. Et qui donc est placé en tête de l'Humanité pour forcer tous les obstacles et recevoir, seul, le coup de massue du satanisme, aux heures de luttes décisives ? Quelle nation a ce terrible privilège ? Celle des Francs.

Que Satan s'empare, s'il le veut, de toutes les forces de la terre, qu'il renverse toutes les citadelles de la chrétienté, qu'il mette sous son joug les peuples, les rois, les nations, quoi qu'il fasse, il se voit toujours, à un moment marqué par Dieu, obligé de concentrer toutes ses forces sur un point, autour d'un dernier donjon portant à son sommet l'étendard du Christ, *le Cœur de la France*. S'en emparer serait pour lui la victoire décisive sur l'Eglise de Dieu.

Mais non : toujours alors, au peuple qui, dans son pacte avec lui, lui a demandé des *signes* de foi, le Christ sait envoyer le *signe* de salut. — Et, quand bien même elle serait terrassée, épuisée de sang, affamée et réduite à la dernière extrémité, sentant tout à coup son cœur battre sous les pulsations du Cœur de Jésus, la nation de France trouve en elle la force, l'énergie, la vigueur nécessaires pour se redresser et terrasser à son tour l'ennemi de son *Roi trois fois saint*.

L'histoire de France, de Tolbiac à nos jours, de l'arianisme à la franc-maçonnerie moderne est le récit, écrit en caractères sanglants, des défaites écrasantes infligées par l'épée des Francs à Satan dans ses luttes contre l'Eglise de Dieu et contre la chrétienté.

Une première fois renversé avec l'arianisme dans les plaines de Vouillé, près de Poitiers, par la francisque de Clovis, l'adversaire du Seigneur qui aime les Francs, suscita contre l'Humanité chrétienne marchant d'un pas décidé dans la voie du progrès, un nouvel ennemi : c'est le mahométisme, que nous allons rencontrer dans les plaines de Poitiers.

Deux races de nos rois sont associées au plus glorieux souvenir militaire de nos annales primitives.

Un siècle s'était exactement écoulé depuis que Mahomet mourant avait légué à ses successeurs le soin de soumettre par les armes la terre entière à ses lois. Exécuteurs fidèles de ses volontés, les Arabes étaient sortis de leurs déserts, et lançant au galop dans toutes les directions leurs petits chevaux nerveux, ils avaient, à bride abattue, conquis l'Asie jusqu'aux frontières de la Chine, et l'Afrique jusqu'à l'Océan Atlantique. Rien n'avait pu résister à leur charge impétueuse, pas plus qu'on ne résiste au simoun du désert ou aux sauterelles qui sèment le néant et la mort sur leur passage. Lorsque la mer arrêta la course de Tarik, le conquérant poussa son cheval jusqu'au poitrail dans les flots, demandant à Allah d'autres terres à soumettre. A l'horizon paraissait le rocher d'Espagne qui

7. LE CHAR EUCHARISTIQUE de bataille : page 14.

devait garder le nom du conquérant arabe ; le détroit fut franchi, l'Europe était ouverte aux disciples du prophète. C'était en 711. En vingt ans, l'Espagne des Visigoths fut conquise, à l'exception de quelques grottes des Asturies, où une poignée de héros commandés par dom Pélages, préparait, *par une alliance avec le Christ-Hostie*, la lutte victorieuse qui devait durer sept cent cinquante ans. Puis, les Pyrénées furent franchies et ce fut au tour de la France d'être conquise à Mahomet.

Alors Charles-Martel, grand-père de Charlemagne, duc d'Austrasie et maire de Neustrie, chef réel de toute la monarchie franque, sous le nom d'un fantôme de roi de la race de Mérovée, publia son ban de guerre dans tout le territoire allié au Christ par le pacte de Tolbiac ; le char de l'Eucharistie et du grand étendard sortit de la basilique de Reims, et les Leudes, suivis de leurs hommes libres, allèrent au-devant de l'ennemi jusqu'aux plaines de Poitiers, où le sort du monde allait se décider.

Sept jours entiers les deux nations, les deux races restèrent en face l'une de l'autre sans engager l'action ; il semble que les deux armées aient eu conscience de l'immensité des destinées confiées à leurs épées, car ni l'hésitation, ni la solennité de l'heure qui précède la bataille ne pouvaient avoir prise sur les colosses aux longues chevelures blondes ni sur les conquérants secs et basanés qui s'observaient ainsi.

Le septième jour, Charles *communia pieusement* et l'Orient et l'Occident se ruèrent l'un contre l'autre en un choc effroyable, au cri : « Dieu est grand, Mahomet son prophète, » auquel répondait notre *Montjoye !*

Ce fut la vraie bataille du Christ-Hostie, livrée pour Lui, engagée en son nom, Lui présent et gagnée par Lui.

Vaincus pour la première fois, arrêtés pour toujours dans leurs conquêtes, les Arabes reculèrent jusqu'au delà des Pyrénées, laissant sur le champ de carnage une telle multitude des leurs, que, d'après leurs chroniques, de longs siècles après, on entendait encore, la nuit, les gémissements des âmes des croyants, errantes aux plaines de Poitiers.

De tous les points de la France des cris d'action de grâces montèrent vers le ciel ; une église fut érigée à Tours sous le vocable de Saint-Martin-de-la-Guerre (1), pour rendre *hommage* de la victoire au Christ sous le vocable du saint précurseur de son règne sur les Francs.

(1) Dom Marie Bernard : *Les Héros du Christianisme*, p. 320.

C'est sans doute alors que fut composée la magnifique prière trouvée dans un missel du siècle suivant :

« O Dieu tout puissant et éternel qui avez établi l'em-
« pire des Francs pour être par le monde l'instrument de
« votre très divine volonté, l'épée et le boulevard de votre
« sainte Eglise, nous vous en prions, prévenez toujours
« et partout de la céleste lumière les fils suppliants des
« Francs, afin qu'ils voyent ce qu'il faut faire *pour établir
« votre règne en ce monde*, et que, *pour accomplir ce qu'ils*

« *auront vu, leur charité et leur force aillent toujours en
« s'affermissant, par Jésus-Christ Notre-Seigneur.* »

La radieuse auréole de gloire de la victoire de Poitiers entoura le couchant de la race de Mérovée et l'aurore de la race de Charlemagne.

VI. — L'élection du plus brave.

En 750, les seigneurs et évêques de France, réunis en assemblée de Champ de Mars, exprimèrent unanimement le désir de voir Pépin, fils de Charles-Martel, joindre la couronne et le titre de roi au pouvoir royal qu'il exerçait seul, depuis l'entrée de son frère Carloman au monastère du Mont-Cassin. La nation a le droit indéniable de choisir un roi ; la formule même du sacre royal définit ce droit. Néanmoins Pépin, pour éviter jusqu'au soupçon d'usurpation, voulut consulter l'autorité même d'où émane tout pouvoir, celle du Christ, déléguée à son vicaire, le chef

---

8. Communion de Charles Martel : page 14.

visible de l'Eglise. Le pape Zacharie mit à formuler sa réponse toute la réflexion et la sage lenteur que comportait la gravité de la question ; l'approbation tant désirée fut attendue plus d'un an par la France, mais enfin en 752, elle fut transmise par le saint archevêque de Mayence, Boniface, à l'assemblée du Champ de Mars, tenue à Soissons. Tout aussitôt la réunion des évêques, des seigneurs et du peuple, forts de l'approbation pontificale, acclama Pépin roi et l'éleva sur le pavois.

L'enfant débile de corps et d'esprit qui jusqu'alors portait cette dignité trop pesante pour sa faiblesse, fut relégué dans un monastère où il ne tarda pas à mourir obscurément sans que personne prît garde à l'extinction de la race de Mérovée.

Il y avait alors sur la tête de Pépin ce qui doit toujours se rencontrer pour rendre *sainte et légitime* l'autorité d'un pouvoir quelconque sur une nation : Alliance de la voix du peuple (*vox populi*) et de la voix de Dieu (*vox Dei*).

Roi par le consentement du peuple, Pépin voulut reconnaître qu'il tenait le pouvoir d'abord de Jésus-Christ, et se fit sacrer dans la cathédrale de Soissons. Saint Boniface lui posa la couronne royale sur la tête et l'oignit d'huile sainte, « afin, dit un vieil auteur, que cette parole de Dieu: *Ne touchez pas à mes oingts*, servît de bouclier à sa personne et à celle de ses descendants. »

Il est le premier qui introduise dans ses diplômes cette formule : « Roi *par la grâce de Dieu*, » et son avènement est signalé par la restitution aux églises de la plupart des biens qu'elles avaient perdus dans les pillages des guerres précédentes.

VII. — Les Francs auprès du Pape.

En 753, le Pape Etienne II, menacé dans Rome par Astolphe, roi des Lombards, vint en France demander secours au puissant roi des Francs. Pépin envoya au-devant de lui, jusqu'à la frontière des Alpes, son fils aîné, alors âgé de onze ans, Charles, qui devait être Charlemagne.

Les défilés sauvages du Mont Saint-Gothard furent le théâtre d'une scène prophétique, grandiose comme les aspects qui l'entouraient : le Pape portant, selon l'usage du temps, *le Saint-Sacrement sur la poitrine*, chevauchait en toute sécurité par les sentiers abrupts, car le jeune prince Charles, à pied et tête nue, en signe de respect pour Jésus-Christ-Hostie, dirigeait par la bride les pas de sa monture, et déjà son regard d'aigle savait mesurer l'espace, son bras vigoureux prévenait toutes les chutes, et son pas dominateur ignorait l'obstacle et méprisait le danger. C'était le grand avenir de notre patrie qui passait; c'était le Roi Christ venant avec son épouse mystique l'Eglise vers son royaume de France, conduit et

protégé contre tout péril de la terre par la main jeune et forte qui devait bientôt fonder la chrétienté par l'épée de la France.

A cet *hommage* de son enfance, peu cité par les historiens, Charles dut peut-être cette grandeur si éclatante et si personnelle qu'elle est pour ainsi dire attachée à son nom même; peut-être en ces jours, le jeune prince dont le regard profond sondait l'avenir, fit-il *hommage* au Christ, comme d'un fief appartenant à son pays, de ces passages des Alpes si souvent franchis depuis, et toujours si glorieusement, par les armées de la France. Puisse la patrie ne jamais oublier qu'ils ont été ouverts par son grand Charlemagne à Jésus-Hostie et à son vicaire, et que l'armée nationale qui allait bientôt y passer, les franchit

9. Pépin sur le pavois : page 16.

pour la première fois pour aller fonder la souveraineté temporelle des Papes.

Etienne II ayant sacré de nouveau, à Saint-Denis, Pépin avec ses deux fils, Charles et Carloman, le roi fut conquérir sur les Lombards les provinces voisines de Rome nommés l'Exarchat de Ravenne, la Romagne, la Pentopole, et en fit donation formelle et perpétuelle au Souverain Pontife, en déposant sur l'autel de Saint-Pierre les clefs des cités conquises. Le roi de France accepta du Pape le titre de *Défenseur de Rome*, afin que l'ennemi sût bien qu'après avoir établi le pouvoir temporel, l'épée des Francs saurait le garantir.

VIII. — La Prière des Francs.

Pendant plus de mille ans, la France a fidèlement gardé l'arme au poing, ce qu'elle avait fondé avec son sang et son épée; l'antique prière des Francs, que nous citions plus haut a été exaucée. Puis, un jour de vertige, leurs yeux ont cessé de voir *la céleste lumière leur montrant ce qu'il fallait faire;* l'œuvre onze fois séculaire des Francs, nos aïeux, a été ruinée, Rome abandonnée, et le même jour (21 septembre 1870) l'épée de la France s'est brisée. Mais écoutons la fin de la prière : « *Que pour accomplir ce qu'ils auront vu, leur* CHARITÉ *et leur force aillent toujours en s'affermissant.* Leur *charité* est inséparable de leur *force*, leur charité, c'est-à-dire leur amour, leur *union intime avec le cœur de Jésus;* voilà la *force* de la France! Il semble que la grande voix de nos pères, les rudes vainqueurs de Tolbiac, de Vouillé, de Poitiers, retentissent encore à travers les quatorze siècles de notre histoire, dans la grande invocation des pèlerinages modernes : *Jésus, sauvez Rome et la France, par votre Sacré-Cœur.* »

IX. — Le dernier geste de Pépin.

L'œuvre immense du roi Pépin suffisait à illustrer une dynastie et une nation; il n'était cependant qu'un précurseur. Mais le père de Charlemagne, voulant rendre *hommage* à qui de droit, jusque dans la mort, de la gloire qu'il avait acquise, demanda d'être mis au tombeau *la face contre terre, en signe d'adoration devant l'Agneau des siècles;* l'héritier de celui qui jusque dans la mort adorait le Roi des rois présent dans le tabernacle dans l'attitude du plus humble vasselage, ne pouvait être qu'un Charlemagne.

X. — Le rôle de Charlemagne.

La grande figure de Charlemagne domine l'histoire d'une hauteur à laquelle ne saurait prétendre aucun des héros de

l'antiquité ni des temps modernes. Placée à la frontière de deux ères de l'humanité pour dire à la barbarie : « Tu n'iras pas plus loin » et à la civilisation : « Voilà ta voie », elle est entourée d'une telle splendeur de gloire que, dans l'éblouissement qu'elle produit, il est difficile de distinguer les rayons de l'histoire montrant le plus complet des héros chrétiens, de l'éclat de la légende, illuminant un être d'une puissance bien supérieure à celle de l'homme. Ses contem-

10. CHARLES accompagne le Pape : page 17.

porains ont eux-mêmes subi cette fascination, et le moine de Saint-Gall, écrivant presque sous la dictée d'Adalbert, obscur soldat du grand Karl, vétéran des guerres de Saxe et de Lombardie, prête à son héros une grandeur et une puissance que nul rapsode antique n'a su donner à ses dieux fabuleux. Charlemagne a été le thème presque unique de la poésie épique nationale ; tous les siècles de chevalerie l'ont chanté, lui, ses preux, ses moindres actions. Avec la gloire de Dieu et les miséricordieux miracles de la Sainte Vierge et des saints, il a été la préoccupation presque unique de toutes les imaginations, en tous nos siècles de foi et d'héroïsme ; tout en lui et tout ce qui le touche est illustre et grand, même son unique défaite. Jusqu'à la mort nationale occasionnée au xvie siècle par le retour au paganisme, si étrangement dénommé la *renaissance*, châteaux et chaumières du pays de France ont pleuré au récit du désastre de Roncevaux, toujours commenté, toujours nouveau. Qui parle de Crécy ? Qui parlera, dans cent ans, à la veillée, de Waterloo et de Sedan ? Chose bien étrange, la gigantesque et deux fois séculaire épopée des croisades ne put elle-même varier le thème des récits héroïques chers à nos pères, et les trouvères et troubadours du xi^o au xive siècle, vétérans peut-être de Dorylée, de Ptolémaïs et de la Mansoure, qui avaient pu voir Godefroy de Bouillon et saint Louis, continuaient à chanter Charlemagne et ses paladins, comme si nul héros n'avait paru depuis le grand empereur d'Occident.

C'est que les héros des croisades, si grands qu'ils fussent, étaient des hommes, et Charlemagne, dans l'imagination des peuples, occupe un rang supérieur dans la hiérarchie des héros du Christ Régnant : il semble planer entre l'humanité et Dieu.

Le secret de cette grandeur inouïe n'est ni dans les cinquante-trois guerres victorieuses de Charles, ni dans ses conquêtes, ni dans la grande extension de l'empire franc, ni dans la protection accordée aux sciences et aux lettres : beaucoup de grands hommes en ont fait autant. Mais ce qui donne à Charlemagne une place unique dans les annales du monde, c'est d'avoir, dans ses capitulaires, défini la royauté chrétienne, et de l'avoir placée là même où, comme son plus parfait représentant, il a été mis par la reconnaissance populaire : entre l'homme et Dieu. Puis, après avoir défini le pouvoir comme délégation de la puissance souveraine absolue de Jésus-Christ *Sacramenté*, il l'a exercé tel qu'il l'a compris et expliqué, en vue du règne social de Jésus-Christ *Hostie*, et pour assurer la durée et l'extension de ce règne béni par toute la terre, il a fondé la CHRÉTIENTÉ.

Telle est l'œuvre immense de Charlemagne.

XI. — Les hommages de Charlemagne à l'Hostie.

Dans un récit aussi rapide, nous ne pouvons esquisser, même à grands traits, l'histoire de Charlemagne. Remarquons, cependant, qu'elle peut se résumer en une série

perpétuelle d'*hommages* à Jésus-Christ-Roi, au Très Saint Sacrement : *hommages royaux*, dans son sacre et dans chacun de ses actes souverains, datés : *Jesu-Christo Regnante*, et accomplis au nom de Notre-Seigneur, dans chacun de ses capitulaires, expliquant les devoirs de la royauté envers Dieu, l'Eglise et le peuple ; *hommages de guerre*, exigés des vaincus dans les cinquante-trois guerres qu'il a soutenues *toutes* pour le règne de Jésus-Christ, contre les idolâtres, les musulmans ou les ennemis du Saint-Siège ; *hommage de paix*, dans les innombrables sanctuaires qu'il a élevés ou restaurés ; *hommage national*, par la nouvelle promulgation de la loi Salique, non pas, à coup

11. LES FRANCS déposent les clefs des cités sur l'autel de St-Pierre : page 18.

sûr, pour remettre en vigueur le vieux code franc, déjà bien tombé en désuétude, mais pour remettre à la base de la constitution nationale les *clauses du pacte de Tolbiac* qui sont la loi fondamentale du royaume des Francs ; *hommage individuel* de toute son existence : chaque fois qu'il rencontrait une église, il y entrait seul, et *étendu tout au long devant l'autel, le front sur le pavé*, comme Pépin son père reposait dans la tombe, il adorait en silence le Dieu du tabernacle qui, sans doute, lui communiquait alors les grandes inspirations qui ont changé les destinées du monde. Et lorsque, parvenu au sommet de la puissance, il recevait lui-même les hommages des nations lointaines, fascinées par son génie et sa gloire, ces hommages étaient encore indirectement adressés au Roi des rois, car c'étaient soit des saintes reliques comme la tunique de la Sainte Vierge donnée à Charlemagne par l'impératrice Irène, et à l'église de Chartres par Charles le Chauve en 876, cette *sainte chemisette de Notre Dame* comme l'appela plus tard le héros Bayard, soit des ornements ou des orgues d'église, soit enfin les clefs du Saint Sépulcre, que lui adressa le calife Haroun-al-Rachid.

Quand il vit venir la mort, il voulut que son fils prît la couronne sur l'autel, « *pour lui montrer*, dit un vieil auteur, *que la religion et l'État étaient inséparables dans la monarchie française, et que le premier des deux qui viendrait à manquer entraînerait la ruine de l'autre par une suite inévitable.* »

Ce dernier et prophétique enseignement laissé à tous ceux qui, dans la suite des âges, devaient lui succéder sur le trône de France, il rendit sa grande âme à Dieu, le 8 janvier 814.

Lorsque les historiens modernes prétendent que l'œuvre de Charlemagne ne lui a pas survécu, ils se trompent et trompent les autres, car ils ne voient dans l'œuvre du grand monarque que la restauration de l'empire d'Occident, qui ne fut qu'un *moyen*, et qu'ils prennent pour le but final. L'œuvre de Charlemagne a subsisté ; battue sans cesse en brèche par Satan, car c'était l'œuvre du Christ, elle a survécu toute entière jusqu'à la destruction de la chrétienté au xviie siècle ; après mille ans révolus, elle subsiste encore en partie, et subsistera jusqu'à la fin des siècles, car c'est la *civilisation chrétienne*, née de la féodalité, que nous étudierons dans un travail postérieur.

XII. — La fondation de la Chrétienté.

Des critiques modernes ont cru être perspicaces en reprochant au grand monarque de n'avoir ni prévu ni empêché le morcellement de l'empire, de l'avoir même préparé par son imprévoyance, et d'avoir ainsi contribué à l'établissement de l'*anarchie* féodale. Reproche immérité, critique injuste ; tout était prévu par cet immense génie,

éclairé de la lumière du Christ. Il prévoyait même, sans doute, les malheurs inévitables au début d'un état de choses nouveau, mais ces maux lui semblaient préférables au mal incomparable du retour du monde à la domination d'un César, de romain devenu germain. Ce qu'il voulait, c'était un faisceau de nations régies par la foi jurée et l'honneur, une société dont tous les membres, solidaires les uns des autres, fussent liés, par serment d'hommage, au Seigneur des seigneurs, Jésus-Christ ; des peuples enfin capables de faire le lent et laborieux apprentissage de la liberté, pour en posséder un jour la plénitude, sous le règne de Jésus-Christ librement et spontanément acclamé.

C'est consciemment que Charlemagne a préparé le morcellement féodal, et son génie ne l'a pas trompé, car c'est à ce fractionnement que l'Europe doit et sa civilisation et

12. Le dernier Geste de Pépin : page 18.

sa prépondérance sur le monde. S'il ne s'était pas produit, que fut devenue l'Europe sous les débiles successeurs du grand Charles ? Une vaste agglomération d'hommes ne pouvant avoir aucune cohésion qu'à la condition que toutes les volontés et toutes les initiatives, fondues dans la volonté et l'initiative d'un seul homme, se fussent atrophiées dans une inutilité stérile ; un empire où l'activité n'aurait eu d'autre aliment que la révolte contre Dieu ou contre l'Etat ; foyer de stagnation dix fois séculaire, comme l'empire chinois, de putréfaction morale, comme l'empire des Césars de Byzance, ou de monstruosités, comme l'empire des Césars de Rome. Dans ces diverses alternatives, c'était la *décadence*. Or, la décadence est absolument contraire aux desseins du Christ, Roi des nations ; ce qu'Il veut, c'est le progrès, la marche en avant, l'ascension : toujours plus haut, toujours plus près de Lui, la perfection.

Ce n'était pas pour les atrophier dans une restauration plagiaire de l'empire d'Occident qu'Il avait appelé des profondeurs du monde barbare tant de peuples inconnus à la conquête du monde romain, mais bien pour en faire des nations fortes, pleines de sève, de jeunesse et d'avenir, proclamant son règne social. Pour transformer ces peuplades en nations, conformément aux vues du Christ, et en nations apôtres de son règne, il fallait d'abord les réunir sous une autorité assez forte pour leur montrer, leur imposer au besoin, leur but commun, la route qui devait les y mener toutes, et le guide qui les conduirait sur cette route, puis leur laisser toute liberté de mouvement, toute initiative, jusque dans leur plus petit fractionnement, pour suivre la voie du progrès, chacune à son allure propre, conformément à ses aptitudes, et au milieu dans lequel elle se mouvait.

Les réunir toutes sous une même autorité, par le lien commun de l'hommage au Christ-Roi, imposé même par la force aux récalcitrants, leur montrer le but, c'est-à-dire le règne social universel de Notre Seigneur, la voie, c'est-à-dire la fidelité à l'hommage juré, le guide infaillible, c'est-à-dire le Pape ; fédérer pour le bien de tous, toutes leurs forces éparses et indépendantes en un seul faisceau nommé la chrétienté, puis préparer le fractionnement qui devait assurer à chaque partie de l'ensemble son entière liberté d'allure, telle fut l'œuvre gigantesque de Charlemagne, qui justifie l'auréole presque surnaturelle entourant son souvenir. Quand il mourut, son œuvre était complète ; un successeur, un César germain digne de lui était inutile.

C'est ce que Dieu fit comprendre au Pasteur du monde,

au pape saint Léon, lorsqu'il lui souffla le dessein de fonder l'empire chrétien. — Comme la première nation chrétienne, la France, était née un jour de Noël, il convenait que l'empire chrétien naquît aussi le jour où naquit le Christ, et dans la basilique de son premier vicaire. Voilà pourquoi, le jour de Noël de l'an 800, nous voyons le chef de l'Eglise

universelle, le pontife de Rome, créer et consacrer dans Charlemagne, le roi des Francs, le saint empire romain, l'empire de la force au service de la vérité et de la justice. — « Dans cet empire, Charlemagne n'aura pas de successeur total; mais le saint empire romain, consacré en sa personne, subsistera toujours, malgré les apparences contraires ; car cet empire n'est autre que l'Europe chrétienne et catholique, qui, après mille ans, quoiqu'on dise, sent toujours le noble besoin d'employer sa puissance, ses lumières, son sang à la gloire de Dieu et au salut du monde. — Le monde entier lui en fait une gloire. — A l'extrémité de l'Asie, au fond de la Tartarie et de la Chine, la religion du Christ, la

13. LA PRIÈRE de Charlemagne devant le Saint-Sacrement: page 22.

religion catholique, la religion faite pour l'univers, c'est la religion de l'Europe, c'est la religion des Francs, compatriotes de Charlemagne. Enfin, aujourd'hui encore, après plus de mille ans, toutes les nations souveraines de l'Europe chrétienne et catholique descendent plus ou moins directement de Charlemagne, le Père de l'Europe. » (Duboist, *Charlemagne*, p. 196.)

XIII. — Raison d'être de la Féodalité.

Un grand savant et un grand artiste qui eut le malheur d'être ingrat envers l'Eglise, Violet-le-Duc, décrit minutieusement, en une page magistrale, la confection d'un merveilleux ouvrage de ferronnerie, une torchère monumentale du douzième siècle, servant à porter la lampe du sanctuaire devant le tabernacle. Il nous montre l'artiste forgeant une à une chacune des parties, assouplissant le fer par le feu, le modelant au marteau, le chauffant de nouveau pour lui donner une courbe plus gracieuse, le pétrissant, pour ainsi dire, tour à tour dans le foyer et sur l'enclume. Puis, toutes les parties terminées, il les réunit, les soude les unes aux autres et le monument paraît achevé, gracieux et léger à l'œil, mais d'un poids considérable par la quantité de lourd métal qui s'arrondit en volutes, se roule en feuillages ou s'épanouit en fleurs.

Ce qui semble parfait à l'œil inexercé ne l'est pas pour l'habile ouvrier qui veut faire un chef-d'œuvre vraiment digne du sanctuaire; toute la masse pesante est remise au feu, rapportée sur l'enclume, frappée de nouveau, traitée dans son ensemble comme l'a été chacune de ses parties. Alternativement porté du brasier à l'enclume, de l'enclume au foyer, tout l'ouvrage paraît être à recommencer, chaque fois que le marteau le frappant à grand bruit en fait jaillir des gerbes d'étincelles ; rien ne semble avancer et cependant l'artiste se déclare enfin satisfait de son œuvre ; elle est vraiment belle de force et de grâce, vraiment digne de glorifier Dieu en portant la flamme qui brûle, en signe d'adoration, devant le Roi des rois.

Ainsi nous semble avoir été traitée notre patrie, par les mains de l'Artiste divin qui voulait en faire, dans le sanctuaire du monde et devant son trône éternel, le porte-flambeau de son règne social et le piédestal de son Sacré-Cœur.

Après le baptême de Clovis, la France, fille aînée de l'Eglise, régie par la loi salique, promulguant son alliance officielle avec Jésus-Christ, semblait une œuvre achevée.

Erreur; elle fut remise dans la fournaise de l'épreuve, démembrée, frappée, martelée pendant deux siècles et demi. De ce nouveau travail sortit la France de Charlemagne, qui soumit toute l'Europe au règne du Christ, qui constitua le patrimoine de Saint-Pierre, qui promulgua de nouveau son alliance avec Jésus-Christ, qui domina le monde, au nom du Sauveur, la croix d'une main, l'épée de l'autre. Cette fois l'œuvre est vraiment grandiose, et terminée, sans doute? Non, pas encore; elle retourne au

brasier; de nouveau le lourd marteau la frappe et lui arrache de sourds gémissements, avec des gerbes d'étincelles qui sont des larmes et du sang. Elle ne sortira de cette nouvelle épreuve qu'au grand soleil du onzième siècle, qui fait épanouir la liberté sous l'abri du glaive de la chevalerie; qui illumine le signe de la croix sur le cœur des foules armées pour la guerre du Christ, qui fait germer de terre, sous le vocable de la mère de Dieu, les merveilleuses cathédrales « agenouillées dans leurs robes de pierre, selon la belle image d'un pauvre grand poète, pour chanter l'Hosanna des siècles nouveaux-nés. » L'œuvre sera-t-elle complète alors? Pas encore; mais n'anticipons pas: la France de Charlemagne est remise au creuset de l'épreuve.

14. Ediction de la Loi Salique : page 21.

Comme sous les Mérovingiens, on revit les frères armés les uns contre les autres, les fils révoltés contre leurs pères, la guerre en permanence dans les familles. Mais près de quatre siècles de christianisme ont singulièrement adouci les mœurs ; nous n'en citerons qu'un exemple. Dans la lutte entre les quatre fils de Louis-le-Débonnaire, toutes les forces de l'immense monarchie de Charlemagne se heurtèrent, en un choc formidable, près de Fontanet. Cent mille hommes, disent les chroniques, périrent en ce lieu, où les morts n'ayant plus l'espace pour tomber, restèrent debout, appuyés les uns sur les autres. Charles et Louis, victorieux, eurent horreur de tout ce sang et arrêtèrent la poursuite ; ils firent ensevelir les morts et soigner les blessés ennemis comme les leurs ; le lendemain, ils assemblèrent tous les évêques qui suivaient l'armée et les consultèrent sur la manière dont ils auraient à expier le carnage de tant de chrétiens. Nous sommes loin des tueries sans remords et des victoires sans pitié des fils de Clovis.

A l'heure même, la dernière invasion barbare, celle des Scandinaves ou Normands, ravageait, pillait et brûlait tout le littoral et tout le bassin des fleuves, aussi loin que les eaux pouvaient porter leurs barques.

Instruments inconscients de la Providence, ils venaient apporter un afflux de sang plus jeune à la nation franque, déjà un peu amollie par un contact prolongé avec la civilisation romaine. Les hommes du Nord, devenus chrétiens avec toute leur sauvage énergie, leur humeur inquiète d'hommes de mer, et leur amour pour les héroïques aventures, devaient être les *enfants perdus*, l'avant-garde du soldat de Dieu, la France, dans les lointaines entreprises pour l'extension du règne de Jésus-Christ, comme la conquête des Deux-Siciles sur les Sarrazins, celle de l'Angleterre et les croisades.

Mais auparavant ils devaient puissamment contribuer à l'établissement de la féodalité. N'ayant aucun secours à espérer du souverain, les populations se groupèrent tout naturellement devant le danger, sous le commandement d'un homme fort et brave, auquel elles promettaient soumission et obéissance par serment, en retour de sa protection ; elles lui bâtissaient une forteresse qui serait, au besoin, leur propre refuge, et le proclamaient leur seigneur. Plusieurs de ces seigneurs se réunissaient à leur tour, sous l'obéissance du plus puissant d'entre eux, et ainsi s'établit tout naturellement et sans secousses, la hiérarchie féodale.

Le danger commun réunit plus étroitement qu'elles ne l'avaient encore été, toutes les classes sociales : clercs et laïques, nobles et vilains ; tous soldats contre les pirates païens, formèrent une seule masse, armée toute entière. Comme conséquences de cette union devant le danger, on vit l'esclavage disparaître complètement ; le servage, tout

en restant encore très dur, s'adoucir de jour en jour et enfin commencer le mouvement d'affranchissement des communes entières par un seul acte, mouvement de libération qui ne s'arrêtera plus.

Comme à toutes les époques de danger social, l'Eglise prend la tête du pays pour protéger ses enfants. L'héroïque défense de Paris contre les Normands, par Goslin, son saint évêque, et l'abbé Ebbe, son neveu, est une des plus glorieuses pages de nos annales. Madalbert, évêque de Bourges, est tué sur le rempart, en défendant la ville. Ruthelme, évêque de Chartres, assiégé par une armée formidable de Normands, donne aux bourgeois de la ville l'absolution et la sainte communion, puis il les mène au combat revêtu de ses habits épiscopaux, précédé d'une grande croix et portant

15. CHARLEMAGNE remet la couronne à son fils : page 22.

au bout d'une lance, comme étendard, la tunique de la Sainte Vierge. Tout le clergé suivait, chantant des hymnes à la Reine du Ciel. Avec le secours d'une petite armée franque, amenée par Robert, comte de Paris, la victoire fut complète ; six mille huit cents Normands tombèrent dans la plaine qui porte aujourd'hui encore le nom de *la Reculée ;* peu après, Rollon, le chef vaincu à Chartres, reçut à la fois le baptême et l'investiture de la plantureuse province de Neustrie, qui prit le nom de Normandie et devint bientôt, sous une administration sage et forte, la plus riche et la plus peuplée de la France, où devait bientôt s'épanouir dans toute sa splendeur la fleur de la chevalerie, au milieu d'une merveilleuse éclosion d'églises et de monastères.

En 987, la dynastie de Charlemagne s'éteignit en la personne de Louis V, mort d'une chute de cheval après un an de règne.

XIV. — De Noël 496 à Noël 800.

Et maintenant, si nous voulons juger d'ensemble l'œuvre des siècles qui s'étendent de Noël 496 à Noël 800, empruntons aux Livres Saints une comparaison qui, du reste, pourra se poursuivre dans tout le cours de notre histoire.

Dieu ne fait jamais rien en vain, et la sagesse de sa pensée éternelle et immuable se retrouve entière et la même dans tout ce qu'il opère. — Rien d'étonnant donc que nous puissions apercevoir la même suite, la même logique, la même succession de périodes lorsque nous étudions l'histoire de la formation du monde social sortant du chaos du paganisme, ou lorsque nous suivons les phases de la formation du monde physique.

Un jour, au milieu du chaos des peuples écrasés par le joug de Rome, retentit au-dessus d'un berceau ce chant : « Gloire à Dieu au plus haut des cieux, et paix sur la terre aux hommes de bonne volonté ! » C'était l'hymne des temps nouveaux : c'était un Verbe apportant au monde la *lumière sociale.* Et aussitôt, un travail d'enfantement a commencé. Le cri de délivrance poussé par l'humanité sur le Calvaire, s'est répercuté, de vallée en vallée, jusqu'au jour où il trouva un écho, à Arles même, dans ce cimetière des Alyscamps où se dressait l'autel élevé à la Vierge dès son vivant. C'est de là, en effet, que Constantin, après y avoir aperçu le Labarum, signe de salut et de triomphe, partit pour aller renverser définitivement les idoles du vieux monde.

Le *jour* de la diffusion de la lumière spirituelle et morale, à travers le monde païen, était fini. Alors commença la nuit des barbares.

C'est au sortir de cette nuit terrible des invasions, que nous apercevons un nouveau berceau, celui de la première nation chrétienne. — Sur lui retentit le chant de guerre et de triomphe : « Vive le Christ qui aime les Francs ! » Paroles frémissantes de force juvénile dont rien ne pourra

dès lors empêcher les vibrations de se continuer et de s'étendre, jusqu'au moment où, reçues toutes dans l'âme de cet homme providentiel, qui est Charlemagne, elles deviendront ce majestueux préambule des Capitulaires : « Notre-Seigneur Jésus-Christ régnant a jamais, *moi, Charles, par la grâce et la miséricorde de Dieu, roi et chef du royaume des Francs, dévoué défenseur et très humble coadjuteur de la Sainte Église de Dieu.* »

C'est alors que, prenant dans ses mains puissantes ce monde où frissonnait la parole de vérité, il sut, par l'épée et par la croix, séparer le royaume spirituel du Christ, patrie des âmes où siège sur son trône de gloire l'Agneau

16. Charlemagne est enseveli : page 22.

vainqueur, de la masse confuse des peuples sans civilisation et sans unité. Il façonna avec ces éléments incohérents un ensemble compact, la *chrétienté*, terre nourricière de toutes les nations chrétiennes, et plaça au milieu de cette agglomération, pour en être le centre d'unité, le domaine, le patrimoine de Saint Pierre, où l'Eglise céleste semble prendre pied sur terre.

Mais ce ne fut pas tout. — Entre le royaume céleste de Jésus-Christ, et l'ensemble des royaumes humains, il disposa, comme le fit Dieu pour le firmament entre le ciel et la terre, un royaume intermédiaire, destiné à devenir la seconde patrie de tout chrétien, et habité par un peuple, d'une part passionné pour l'Idéal au point d'être constamment hanté par le rêve d'avoir pour chef le Roi même des anges, et d'autre part ayant pour mission de défendre, sans marchander ses peines et son sang, le représentant ici-bas du Souverain des cieux. — Or, quel est ce royaume ? Quelle est cette nation dont le nom est synonyme de catholique ? Quel est ce peuple à qui est dévolu, aux heures marquées par Dieu, l'honneur d'être le premier à prendre la parole, pour le Christ, dans le concert des peuples ? Ne les avons-nous pas nommés déjà ? C'est le peuple des hommes nobles et libres ; c'est la nation des Francs ; c'est le royaume *terrestre du Christ*.

Durant cette période qui s'étend de Tolbiac à la mort de Charlemagne et que nous pourrions nommer le second *jour* de la formation du monde chrétien, se sont donc constitués trois éléments dont l'union sera désormais la condition nécessaire pour l'harmonie, la paix et le bonheur de l'humanité chrétienne : l'Eglise, la chrétienté, la France. — Et la mission de Charlemagne a été précisément d'établir sur des bases inébranlables ces trois colonnes de l'édifice social chrétien.

Après sa mort, une nouvelle nuit, celle des Normands et des guerres féodales, pouvait venir. Nous y sommes entrés sans terreur, assurés qu'elle nous préparait, pour une troisième ère, l'épanouissement de toutes les conceptions dont les germes féconds avaient été jetés à profusion par la main de Charles le Grand sur le sol de l'Europe, et en particulier sur celui de la France.

Abbeville, C. PAILLART, Editeur des *Brochures illustrées de Propagande Catholique*

ANNONCE DE L'INSTITUT DES FASTES

CONCERNANT LES BROCHURES

FAISANT PARTIE DE LA CHRONIQUE GÉNÉRALE DE LA CHRÉTIENTÉ

Nos Brochures sur LA VRAIE HISTOIRE DE FRANCE comportent, pour le moment, les *cinq Opuscules* d'une *Série* se faisant suite ; ainsi divisés :

1ʳᵉ SÉRIE, dédiée aux Mères Chrétiennes

1ʳᵉ *Partie*. — TOLBIAC ET CLOVIS.
2ᵉ *Partie*. — CHARLEMAGNE.
3ᵉ *Partie*. — LA FÉODALITÉ.
4ᵉ *Partie*. — JEANNE D'ARC.
5ᵉ *Partie*. — LA DÉMOCRATIE.

Le Prix de chaque Brochure est de **10** centimes
(Plus le Port)

S'adresser, pour l'envoi, à la DIRECTION DU HIÉRON, 12, rue de l'Hôpital, Paray-le-Monial (Saône-et-Loire), ou chez MM. VIC ET AMAT, *Libraires*, 11, rue Cassette, Paris.

Nous annoncerons ultérieurement la matière des *Quatre autres Séries*, devant compléter la CHRONIQUE GÉNÉRALE.

TITRES DE QUELQUES-UNES DES
BROCHURES ILLUSTRÉES
DE PROPAGANDE CATHOLIQUE
Honorées de l'approbation de S. S. Léon XIII
de cinq Archevêques et seize Evêques de France
Editées par C. PAILLART, *Imprimeur-Editeur*
à ABBEVILLE (Somme)

BROCHURES ILLUSTRÉES (16 pages et Couverture)
17 Illustrations différentes

EXERCICE DU CHEMIN DE LA CROIX. — LES PRIÈRES DU MATIN ET DU SOIR ET LES PRIÈRES DE LA MESSE. — LE TRÈS-SAINT ROSAIRE. — MÉTHODE POUR RÉCITER AVEC FRUIT LE SAINT ROSAIRE, par le Bienheureux Grignon de Montfort. — LE SAINT ROSAIRE EXPLIQUÉ AUX ENFANTS. — Etc., etc.

BROCHURES ILLUSTRÉES (32 pages et Couverture)
33 Illustrations différentes

LE MOIS DE SAINT JOSEPH. — LE MOIS DE MARIE. — LE MOIS DU SACRÉ-CŒUR. — LE MOIS DES AMES DU PURGATOIRE. — LE MOIS DES SAINTS ANGES, — VIE DE SAINT VINCENT DE PAUL. — VIE ADMIRABLE DE SAINT FRANÇOIS DE SALES. — VIE ADMIRABLE DU BIENHEUREUX JEAN-GABRIEL PERBOYRE. — VIE POPULAIRE DE JEANNE D'ARC (*13 grav.*). — VIE DE LA BIENHEUREUSE MARGUERITE-MARIE. — VIE DU VÉNÉRABLE P. CLAUDE DE LA COLOMBIÈRE, de la Compagnie de Jésus. — VIE ADMIRABLE DE LOUISE DE MARILLAC. — VIE DE SAINT LOUIS DE GONZAGUE. — LE VÉNÉRABLE J.-B.-M. VIANNEY, CURÉ D'ARS. — LES APPRÊTS DU GRAND JOUR DE LA VIE. — LA VEILLE DU GRAND JOUR. — LE LENDEMAIN DU GRAND JOUR. — VIE DU BIENHEUREUX PIERRE FOURIER. — VIE DE St BENOIT-JOSEPH LABRE. — VIE DE LA V. MÈRE BARAT. — VIE DU GÉNÉRAL DE SONIS. — VIE DE MGR DE SÉGUR. — LE SACRÉ-CŒUR A MONTMARTRE. — Etc.

BROCHURES DIVERSES ILLUSTRÉES

VIE DE NOTRE-SEIGNEUR JÉSUS-CHRIST, d'après la concordance des Quatre Evangélistes. — EVANGILES DES DIMANCHES ET FÊTES DE L'ANNÉE. — N.-D. DE LOURDES. — N.-D. DES VICTOIRES. — N.-D. DE BREBIÈRES. — N.-D. DES ARMÉES. — N.-D. DES CHAMPS. — N.-D. DE BOULOGNE. — N.-D. DE FOURVIÈRE. — N.-D. DE CHARTRES. — Etc.

CES BROCHURES SE TROUVENT ÉGALEMENT A PARIS CHEZ
VIC & AMAT, LIBRAIRES, 11, RUE CASSETTE

www.ingramcontent.com/pod-product-compliance
Lightning Source LLC
Chambersburg PA
CBHW061013050426
42453CB00009B/1415